ENBURG i SCHLES
er katholischen Kirche.

WAŁBRZYCH
NA DAWNEJ POCZTÓWCE

OPISY DO WEWNĘTRZNYCH STRON OKŁADKI

Panorama Wałbrzycha na tle masywu Chełmca i Trójgarbu ok. 1903r. Widok z wieży kościoła parafialnego.

Panorama Starego Zdroju na tle Chełmca ok. 1904r. Widok z Ptasiej Kopy.

BESCHREIBUNG DER AUßENSEITEN DES UMSCHLAGES

Waldenburg (Wałbrzych) - Stadtbild mit Hochwald (Masyw Chełmca) und Sattelwald (Masyw Trójgarbu) im Hintergrund - um das Jahr 1903.
Ansicht aus dem Turm der Schutzengel - Kirche.

Altwasser (Stary Zdrój) mit Hochwald im Hintergrund - um das Jahr 1904.
Ansicht aus der Vogelkoppe (Ptasia Kopa).

INSIDE COVER PAGES DISPLAY

Wałbrzych - general view against Chełmiec and Trójgarb peaks from around 1903.
View from the Parish Church of Guardian Angels.

Stary Zdrój - general view against Chełmiec peak, around 1904.
View from Ptasia Kopa.

WAŁBRZYCH
NA DAWNEJ POCZTÓWCE

ZE ZBIORÓW
MUZEUM OKRĘGOWEGO W WAŁBRZYCHU

Wałbrzych 1998

WALDENBURG
IN ALTEN ANSICHTSKARTEN

aus den Sammlungen des Bezirksmuseums in Waldenburg (Wałbrzych)
Im Auftrag des Stadamtes in Waldenburg (Wałbrzych)
Zweite Auflage - Wałbrzych 1996

WAŁBRZYCH
NA DAWNEJ POCZTÓWCE

ze zbiorów Muzeum Okręgowego w Wałbrzychu
Na zlecenie Urzędu Miejskiego w Wałbrzychu
Wydanie II - Wałbrzych 1996

WAŁBRZYCH
IN OLD POSTCARDS

a collection of Regional Museum in Wałbrzych
Commisioned by the Town Office in Wałbrzych
Edition two - Wałbrzych 1996

ISBN 83-907363-8-1

na zlecenie Urzędu Miejskiego w Wałbrzychu, 58-300 Wałbrzych, Pl. Magistracki 1, tel. (074) 238-79
Wybór materiału i tekst polski Maria Solecka
Projekt, skład i przygotowanie do druku Studio mirwal 58-300 Wałbrzych, tel. (074) 267-63
Druk i introligatornia Opolskie Zakłady Graficzne 45-085 Opole, ul. Niedziałkowskiego 8-12, tel. (077) 54-53-13
Tłumaczenia: j. niemiecki - J. Olejarz, j. angielski - R. Matuszkiewicz

WPROWADZENIE

Wraz z rozwojem ilustrowanej karty pocztowej, zainicjowanym ukazaniem się w 1869r. pierwszej, jeszcze bez obrazka, korespondentki, pojawiła się w latach dziewięćdziesiątych XIX wieku również pocztówka wałbrzyska. Niegdyś będąca znakiem z podróży, obrazkiem miejscowości, dziś - przedmiot pożądania wielu kolekcjonerów - filokartystów, jako dokument epoki, stanowi bezcenne źródło ikonograficzne dla badaczy dziejów miasta.

W zbiorach Muzeum Okręgowego w Wałbrzychu znajduje się kolekcja licząca około czterystu kart pocztowych z lat 1895 - 1939, przedstawiających Wałbrzych w jego obecnych granicach.

Nie jest to liczba imponująca, lecz znajdujące się w niej widokówki z przełomu XIX i XX wieku, ukazujące miasto mało nam znane, niekiedy w dość wyszukanej szacie graficznej, decydują o jej wartości. Na ile zbiór ten jest reprezentatywny dla pocztówki wałbrzyskiej w ogóle, trudno osądzić, z uwagi na ilość i do pewnego stopnia jego przypadkowość.

Pierwsze widokówki trafiły do zbiorów wałbrzyskiego muzeum w formie darów jeszcze w okresie międzywojennym. Po wojnie przez wiele lat wałbrzyska karta pocztowa nie była przedmiotem działalności zbierackiej Muzeum, bądź stanowiła jej margines. Dopiero z początkiem lat dziewięćdziesiątych niewielka kolekcja z wolna, jednak systematycznie zaczęła się powiększać.

Ze zgromadzonych do tej pory przez wałbrzyskie muzeum dawnych kart widokowych Wałbrzycha, z których większość przeszła przez obieg pocztowy, wyłania się wizerunek pocztówkowy miasta, który nie odbiega od powszechnie przyjętych standardów w zakresie typów, form i tematów. Podobnie jak widokówka z innych terenów, pocztówka wałbrzyska rozwijała się zgodnie z ogólnymi tendencjami, ulegając zmieniającym się modom i upodobaniom. Początkowo litografowana, jedno-, dwu- i wielobarwna, jedno-, dwu- i wieloobrazkowa typu „gruss“ czyli „Pozdrowienia z ... „- tak popularna i charakterystyczna dla wydawnictw niemieckich, niekiedy nieco odrealniona w rysunku, z czasem została oparta na technikach fotograficznych, a obraz miasta zyskał na rzetelności.

Jej produkcją obok dość licznych wydawnictw miejscowych, m.in.: W. Klimanka, E. Meltzer`sa, K. Drobnigsa, G. Schroedera, F. Gruhna czy G. Kohlheima, zajmowały się też inne często renomowane wydawnictwa śląskie, jak choćby: M. Leipelta z Cieplic Zdroju, F. Pietschmanna z Kamiennej Góry (potem Zgorzelca), H. Adama ze Świebodzic oraz niemieckie, m.in. C. Schwagera z Drezna, O. Ziehera z Monachium.

Lata 1890 - 1914 to okres największego rozkwitu ilustrowanej karty pocztowej, którego apogeum przypada na lata 1897 - 1905. Z tego czasu z zachowanej pocztówki wałbrzyskiej obok pełnych panoram, całościowych i częściowych widoków ogólnych, niezmiennie wyłaniają się: Rynek, ratusz, pałac Czetryców - siedziba dawnej władzy, kościoły: katolicki i ewangelicki i tak zwana mała architektura w postaci pomników. To najczęstsze i najliczniejsze przedstawienia miasta. Wśród tej grupy znajduje się jeden z najwcześniejszych zabytków pocztówki wałbrzyskiej w zbiorach Muzeum. Jest to korespondentka będąca połączeniem karty widokowej z kartą świąteczną, przedstawiająca Rynek, wykonana prawdopodobnie w 1895r.

W dalszej kolejności i nieco rzadziej pojawiają się na widokówkach Wałbrzycha tamtego okresu wnętrza głównych ulic i placów oraz budynki użyteczności publicznej jak: szkół, szpitali, hoteli, poczty czy muzeum. Oglądany na nich Wałbrzych zmienia się z roku na rok, tak jak i ludzie stanowiący tu i ówdzie sztafaż. A wszystko to na tle otaczających miasto gór. Przy tym należy pamiętać, że Wałbrzych przełomu wieków to dzisiejsze Śródmieście, stąd też liczniejsza prezentacja widoków tej obecnie jedynie części miasta, niegdyś stanowiąca jego całość.

Koniec pierwszej wojny światowej przynosi zmianę wizerunku pocztówkowego Wałbrzycha. Wraz z rozwojem przemysłu i postępującą urbanizacją na kartach rozwija się nowy motyw, praktycznie nieznany wałbrzyskiej widokówce po 1945r. Są nim widoki zakładów przemysłowych, fabryk, a przede wszystkim charakterystycznych dla miasta i regionu - kopalń węgla. Wprawdzie już wcześniej na kartach pocztowych Wałbrzycha pojawiały się widoki świadczące o wzroście jego uprzemysłowienia, których tematem głównym bądź pobocznym były środki komunikacji, stacje kolejowe, wiadukty, jednak dopiero teraz stanowią one pokaźną grupę. Widać to na przykładzie głównie widokówek Podgórza, Białego Kamienia, Sobięcina, dziś dzielnic miasta, dawniej sąsiadujących z nim przemysłowych osad, które z czasem zostały wchłonięte przez rozwijający się Wałbrzych, podobnie jak Książ - dzisiaj cel wielu wycieczek turystycznych, który zamyka prezentację.

Czy przedstawiony w niniejszej publikacji skromny, z uwagi na przyjętą objętość wydawnictwa, bo liczący zaledwie pięćdziesiąt sześć kart wybór, choć do pewnego stopnia oddaje charakter dawnej pocztówki wałbrzyskiej i obraz miasta tamtego czasu pozostaje to do Państwa - Czytelników oceny.

EINLEITUNG

Samt Entwicklung einer illustrierten Postkarte, die mit der Veröffentlichung im Jahre 1869 der ersten Karte, damals noch ohne Bild, begann, erschienen in den neunziger Jahren des 19. Jahrhunderts auch die ersten Ansichtskarten aus Waldenburg. Ehemals war die Ansichtskarte ein Reisezeichen, ein Bild einer Stadt, heute - ist sie ein Begehrensgegenstand von vielen Ansichtskartensammlern, als Dokument einer Epoche bildet sie eine unschätzbare ikonographische Quelle für die Forscher der Stadtgeschichte.

In den Sammlungen des Bezirksmuseums in Waldenburg befindet sich eine Kollektion von ca. vierhundert Ansichtskarten aus den Jahren 1895 - 1939, die die Stadt Waldenburg in den gegenwärtigen Grenzen darstellen.

Es ist eine nicht große Zahl, aber die Ansichtskarten aus der Wende des 19. zum 20. Jahrhunderts zeigen uns eine wenig bekannte Stadt, manchmal in einer ausgesuchten graphischen Ausstattung, was über den Wert dieser Sammlung entscheidet. Es ist schwer zu beurteilen, wie repräsentativ für die Waldenburger Ansichtskarten diese Sammlung ist, wegen Anzahl der Ansichtskarten und auch in gewissem Grade wegen Zufälligkeit dieser Sammlung.

Die ersten Ansichtskarten gerieten in die Sammlung des Bezirksmuseums in Waldenburg in der Form eines Geschenkes noch in der Zwischenkriegszeit. Nach dem Kriege war die Waldenburger Ansichtskarte viele Jahre hindurch kein Sammelgegenstand des Museums, oder war diese Tätigkeit nur zweitrangig. Erst am Anfang der neunziger Jahre vergrößerte sich diese Sammlung langsam aber systematisch.

Aus den Ansichtskarten, die das Bezirksmuseum bis zu dieser Zeit gesammelt hat, entsteht ein Ansichtskartenbildnis der Stadt. Dieses Bildnis weicht von den angenommenen Standards im Form- und Themenbereich nicht ab. Ähnlich wie die Ansichtskarten aus den anderen Regionen entwickelte sich die Waldenburger Ansichtskarte gemäß den allgemeinen Tendenzen, verschiedenen Moden und Neigungen.

Am Anfang wurde sie lithographiert, sie war einfarbig, zweifarbig, vielfarbig, mit einem Bild, mit zwei Bilder und mit vielen Bilder - Typ „Gruss", also „Grüße aus ..." - so populär und charakteristisch für die deutschen Verlage, manchmal ein bißchen irreal in der Zeichnung, mit der Zeit stützte sie sich auf den fotografischen Techniken, und das Stadtbild war mehr reell.

Mit der Produktion von Ansichtskarten beschäftigten sich außer den örtlichen Verlagen, wie z.B. W. Klimanek, E. Meltzer, K. Drobnigas, G. Schroeder, F. Gruhn, und G. Kohlheim auch bekannte schlesische Verlage, wie z.B. M. Leipelt aus Bad Warmbrunn, F. Pietschmann aus Landeshut - später aus Görlitz, H. Adam aus Freiburg und deutsche Verlage, u.a. C. Schwager in Dresden und O. Zieher in München.

Die Jahre 1890 - 1914 sind eine Zeit der schnellen Entwicklung von illustrierten Ansichtskarten, mit dem Apogäum in den Jahren 1897 - 1905. Aus dieser Zeit treten ans Licht von den erhaltenen Waldenburger Ansichtskarten außer den Rundblicken der Stadt, den allgemeinen Gesamtansichten, immer wieder: der Markt, das Rathaus, das Schloß der Familie Czetryc - Sitz der ehemaligen Behörde, die Kirchen: katholische und evangelische und die sogenannte Kleinarchitektur in der Form von Denkmalern. In dieser Gruppe befindet sich eine der ältesten Waldenburger Ansichtskarten. Es ist eine Korrespondenzkarte - die Verbindung einer Ansichtskarte mit einer Festkarte. Sie stellt den Markt dar, und sie wurde wahrscheinlich im Jahre 1895 angefertigt. In weiterer Folge und nicht so oft erscheinen in dieser Zeit in den Ansichtskarten aus Waldenburg die Hauptstraßen, die Plätze, und die öffentlichen Gebäude wie z.B. Postgebäude, Schulen, Krankenhäuser, Hotels oder Museumsgebäude. Die Stadt, die wir in diesen Ansichtskarten sehen, ändert sich von Jahr zu Jahr, so wie die Menschen, die hier und da eine Staffage bilden. Das alles mit Bergen im Hintergrund, die die Stadt umgeben.

Man soll aber beachten, daß Waldenburg aus dieser Zeit gegenwärtige Stadtmitte bedeutet, und deshalb stellen die Ansichtskarten vorwiegend diesen Stadtteil dar, der damals die ganze Stadt bildete.

Das Ende des I. Weltkrieges bringt Änderungen in den Ansichtskarten aus der Stadt Waldenburg. Mit der Industrie- und Verstädterungsentwicklung erscheint in den Ansichtskarten ein neues Motiv, praktisch unbekannt in den Waldenburger Ansichtskarten nach dem Jahre 1945. Es handelt sich hier um Blicke auf Industriewerke und Fabriken, und vorwiegend auf Kohlengruben, die so charakteristisch für die Stadt und für die Region sind. Zwar erschienen schon früher in den Ansichtskarten aus Waldenburg Anblicke, die von der Industrialisierungssteigerung zeugen, aber sie betrafen vorwiegend Verkehrsmittel, Bahnhöfe, Viadukte, und erst jetzt bilden diese Anblicke eine bedeutende Gruppe. Das sieht man vor allem am Beispiel der Ansichtskarten aus Ober Waldenburg, Dittersbach, Weißstein, Hermsdorf, heute Stadtteile, früher Siedlungen am Rande der Stadt, die mit der Zeit in Folge der Entwicklung der Stadt Waldenburg aufgesaugt wurden, ähnlich wie Fürstenstein - heute ein Reiseziel der Touristen, der diese Präsentation schließt.

Ob die in dieser Publikation dargestellte bescheidene Auswahl, in Anbetracht des angenommenen Umfanges dieser Veröffentlichung, die nur aus sechsundfünfzig Ansichtskarten besteht, wenigstens ein Charakter der alten Waldenburger Ansichtskarte und der Stadt aus dieser Zeit widerspiegelt, bleibt zur Beurteilung der Leser.

INTRODUCTION

The development of picture postcards, initiated with the first, non-illustrated card in 1869, the 1890's brought about the flourishment of the art in Wałbrzych as well. What used to be a picture from the journeys, a view of an unknown place - has now become an object of immense interest for collectors. Being a document of the changes, it is now an invaluable source of knowledge for researchers looking into the history of the town.

The collection of the Regional Museum in Wałbrzych comprises approximately four hundred postcards from the years 1895-1939 depicting Wałbrzych in its present boundaries. The figure is not overwhelming, but it also includes postcards from the turn of centuries, with illustrations showing the town in its little know form, sometimes in a rather elaborate graphic form, which add to the collection's unique value. Because of the existing number of postcards and randomness of the collection, it is difficult to judge how representative it is for the art of postcard making in Wałbrzych in general.

The Wałbrzych Museum collection started with the first gift exhibits as early as the interwar period. After World War II, the postcard was not the main subject of the Museum's interest, often reduced to a marginal role. It was not until the beginning of the 1990's that the collection started growing slowly but systematically.

The present collection to be found in the Wałbrzych Museum includes mostly cards that have been in postal circulation. The postcard view of the town does not differ much from typical and widely accepted at the time state of the art as far as card types, forms and themes are concerned. Similar to postcards from any other areas, the Wałbrzych card developed along general tendencies, complying with varying trends in fashion and style.

At first, it was lithographic, one-, two- or multi-coloured, of one-, two- or multi-picture type with the "Greetings from..." inscription. The form was extremely popular in Germany at the time, the picture was made somehow unreal, in time was based on photographic techniques bringing about increased reliability of the town picture. It was manufactured - apart from rather numerous local publishers, including W. Klimanek, E Meltzer, K. Drobnings, G. Schroeder, F. Gruhn and G. Kohlheim among others - by renown Silesian publishing houses including M. Leipelt's in Cieplice Zdrój, F. Pietschmann's in Kamienna Góra (later moved to Zgorzelec), H. Adam's in Świebodzice, as well as German ones including C. Schwager's in Dresden and O. Zieher's in Munich.

The years 1890-1914 mark the flourishment of the luxury picture postcard with its climax in 1897-1905. The postcards from that period invariably show - alongside full panoramas, partial and general views of the town - the Market Square, the Town Hall, the Czetrycs' Palace - office of the then authorities, and churches: Catholic, Evangelical, as well as the so-called small architecture in the form of monuments. These are the most frequent and most numerous representations of the town. This group of cards includes one of the earliest specimens of the art in the Museum collection. This is a card being a combination of a picture postcard and a Christmas card. It depicts the Wałbrzych Market Square and was manufactured probably in 1895. Further on, and less frequently, the Wałbrzych picture postcards from that period show main streets and squares of the town, as well as public buildings such as post offices, schools, hospitals, hotels or the Museum. Wałbrzych, as seen in them, changes its outlook from season to season, and so do the people in them - being mere accessories to the pictures. And all that is set in the mountainous landscape of the area. It has also to be borne in mind that Wałbrzych from the turn of centuries comprises only what is now the Śródmieście district, thus richer representation of this part of the town, the then whole of it.

The end of World War I brings about a change in the picture postcard image of the town. With industrial development and growing urbanisation of the area, there develops a new motif, practically unknown in the cards from after 1945. This is views of industrial works and, above all, the most characteristic element of the town's landscape, coal mines. Although previously the postcards depicted what could be seen as traces of industrial growth of the town, mainly means of transport, railway stations and bridges, it was only then that these elements became one of the main motifs. The tendency can be clearly seen in picture postcards from Podgórze, Biały Kamień and Sobięcin - formerly separate industrial settlements adjoining Wałbrzych, today - its districts inhaled by the developing town. Similar is the story of Książ - where many of today's tourist trips aim, which closes the presentation.

It is up to you, the Reader, to judge whether the choice of pictures presented in the publication - rather limited for the size of it, including only fifty-six cards - at least to some extent renders the character of the Wałbrzych postcard, and image of the town from the times past.

WAŁBRZYCH

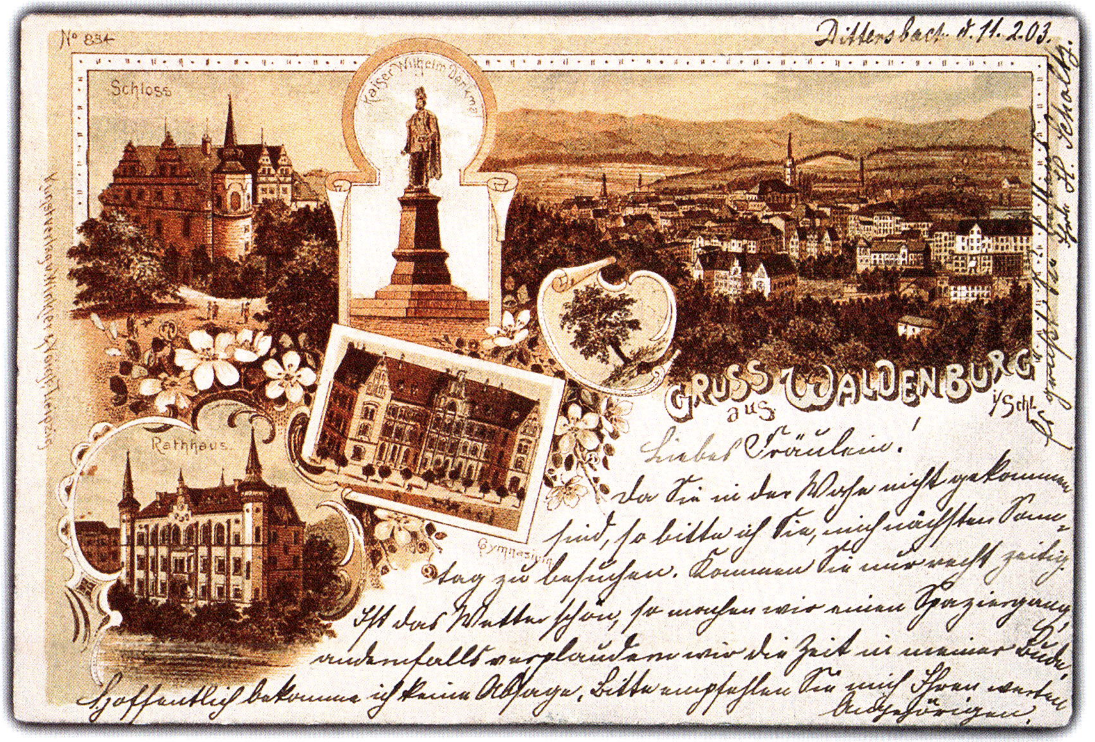

Eine Ansichtskarte mit fünf Bilder und mit dem Stadtwappen (Eiche), um das Jahr 1898. Auf der Ansichtskarte wurden dargestellt: Schloß der Familie Czetryc, Kaiser Wilhelm der I. - Denkmal, Stadtbild von der Ostseite, Rathaus, Gymnasium.

Pięcioobrazkowy „gruss", z herbem miasta Wałbrzycha (dąb), z ok. 1898r. Widoczne: pałac Czetryców, pomnik cesarza Wilhelma I, panorama miasta od wschodu, ratusz, gimnazjum.

Five-picture card with the town of Wałbrzych's coat of arms (an oak tree) from around 1898. It shows: the Czetrycs' Palace, Emperor William I monument, general view of the town from the east, the Town Hall, a grammar school.

Waldenburg von der Ostseite vor dem Jahre 1898. Im Zentralteil befindet sich evangelische Kirche - eine von den Visitenkarten der Stadt.

Widok Wałbrzycha od wschodu sprzed 1898r. W części centralnej wybijająca się bryła kościoła ewangelickiego - jedna z ówczesnych wizytówek miasta.

General view of Wałbrzych from the east from before 1898. In its central part - the outstanding building of the Evangelical church - one of the then town's landmarks.

Die Stadt von der nordwestlichen Seite, um das Jahr 1908. Das weitere charakteristische Merkmal des Stadtkomplexes ist die Turmgestalt der neugebauten Schutzengel - Pfarrkirche.

Miasto od północnego zachodu ok. 1908r. Kolejnym wyróżnikiem zespołu miejskiego jest widoczna z lewej sylweta wieży kościoła parafialnego pw. Aniołów Stróżów.

The town from the north-west, around 1908. Another landmark of the town is the new Parish Church of the Guardian Angels seen on the left.

Waldenburg von der südöstlichen Seite mit Hochwald im Hintergrund, um das Jahr 1926. In der Mitte sieht man folgende Dominanten: Schutzengel-Kirche und evangelische Kirche. Es ist eine der typischen und am meisten dargestellten Stadtbilder.

Panorama Wałbrzycha od południowego wschodu na tle Chełmca ok. 1926r. Pośrodku dominanty: kościół pw. Aniołów Stróżów i kościół ewangelicki. Jest to jedno z najbardziej typowych i najczęstszych przedstawień miasta.

General view of Wałbrzych from the south-east with Chełmiec from around 1926. Dominating elements: Church of Guardian Angels and Evangelical Church in the middle. This is one of the most typical and frequent town representations.

Markt in Waldenburg in der Winternacht im Jahre 1895. Es ist hier die nordwestliche Seite des Marktes mit dem Ausgang der Danzig-Str. zu sehen. In der Mitte ein umzäuntes und mit dem Bäumen bepflanztes Wasserbecken. In den Jahren 1731 - 1857 stand an dieser Stelle ein Rathaus.

Rynek wałbrzyski w scenerii zimowej nocy roku 1895. Widoczna północno-zachodnia strona placu z wylotem ul. Gdańskiej. Na środku ogrodzony i obsadzony drzewami zbiornik na wodę. W tym miejscu w latach 1731-1857 stał ratusz.

The Wałbrzych Market Square by night in winter of 1895. The north-west part of the Square with Gdańska Street going off it. In the middle - a water container, fenced and surrounded with trees. This was the site of the Town Hall in 1731-1857.

Rynek w dzień targowy ok. 1898r. Do tradycji miasta należały odbywające się tu cotygodniowe i doroczne targi, które ostatecznie zniknęły z obrazu placu w 1926r.

Markt an einem Markttag, im Jahre 1898. Zur Stadttradition gehörten die Markttage, die hier jede Woche und alljährlich stattfanden, und die definitiv vom Marktbild im Jahre 1926 verschwanden.

The Market Square on a fair day in 1898. The town's tradition was to organise weekly and annual fairs, which eventually disappeared from the Square in 1926.

Nordwestliche Seite des Marktes in der Richtung des Ausganges der Weinrich-Str. und der Garten-Str., im Jahre 1905. Im Zentrum des Marktes steht das Kaiser Friedrich der III. - Denkmal. Im Hintergrund sind altertümliche Wohnhäuser mit Arkaden: Eckenwohnhaus - „Unter dem Anker“ aus dem Jahre 1799 und „Unter drei Rosen“ aus dem Jahre 1777 zu sehen.

Północno-wschodnia strona Rynku z wylotem ulic T. Kościuszki i H. Sienkiewicza w 1905r. W centrum placu pomnik cesarza Fryderyka III. W tle zabytkowe kamienice z podcieniami: narożnikowa - „Pod Kotwicą“ z 1799r. i przyległa - „Pod Trzema Różami“ z 1777r.

North-eastern part of the Market Square in the direction of Kościuszki and Sienkiewicza Streets in 1905. In the centre - Emperor Frederick III monument. In the background - historical tenement houses with arcades: corner house “Under the Anchor“ from 1799 and adjoining house “Under Three Roses“ from 1777.

Kaiser Friedrich der III. - Denkmal im Markt, um das Jahr 1910. Das Denkmal wurde im Jahre 1903 enthüllt. Dieses Denkmal war eine Zierde des Marktes und der Stadtstolz. Das Denkmal wurde während der Revolution und Geburt der Weimarer Republik im Jahre 1920 entfernt.

Pomnik cesarza Fryderyka III na środku Rynku ok. 1910r. Odsłonięty w 1903r., stanowił ozdobę placu i chlubę miasta. Usunięty podczas rewolucji i narodzin republiki weimarskiej w 1920r.

Monument of Emperor Frederick III in the middle of the Market Square from around 1910. Erected in 1903, was to add attractiveness to the Square and glory to the town. Dismantled during the revolution and the onset of the Weimar Republic in 1920.

Südöstliche Seite des Marktes mit dem Ausgang der Wasser-Str. und Friedländer-Str. um das Jahr 1921. Es ist hier die Südstraßenfront nach einem Umbau im Jahre 1905 zu sehen. Links unten sieht man einen Sockel nach einem demontierten Kaiser Friedrich der III. - Denkmal. Im Hintergrund sieht man Butterberge.

Południowo-wschodnia strona Rynku z wylotem ulic św. Jadwigi i S. Moniuszki ok. 1921r. Widoczna pierzeja południowa po przebudowie ok. 1905r. W lewym dolnym rogu cokół po zdemontowanym pomniku Fryderyka III. W dali pasmo Niedźwiadków.

South-eastern side of the Market Square with Św. Jadwigi and S. Moniszki Streets from around 1921. Southern frontage after reconstruction around 1905. In the bottom left-hand corner - plinth left over after the dismantling of the Frederick III monument. In the background - the Niedźwiadki mountain range.

Ostseite des Kaiser-Wilhelm-Platzes, vor dem Jahre 1903. Es ist hier das neogotische Rathaus vom Jahre 1856, laut dem Projekt des Architekten H. F. Waesemann aus Breslau und das Kaiser Wilhelm der I. - Denkmal zu sehen. Dieses Denkmal wurde während der Revolution im Jahre 1920 entfernt.

Strona wschodnia pl. Magistrackiego przed 1903r. Na planie neogotycki ratusz z 1856r., projektu wrocławskiego architekta H.F. Waesemanna i pomnik cesarza Wilhelma I z 1893r., usunięty podczas rewolucji w 1920r.

Eastern side of Magistracki Square from before 1903. The Neo-Gothic Town Hall from 1856 designed by the Wrocław architect, H. F. Waesemann, and the Emperor William I monument from 1893 dismantled during the revolution in 1920.

Kaiser-Wilhelm-Platz im Jahre 1907. Es sind zu sehen: das Rathaus nach einem Umbau im Jahre 1903, das Kaiser Wilhelm der I. - Denkmal, und einen Springbrunnen in der Mitte einer Gartenkomposition. im Hintergrund sieht man Schillerhöhe.

Plac Magistracki w 1907r. Widoczne: ratusz po rozbudowie w 1903r., pomnik cesarza Wilhelma I i fontanna pośrodku kompozycji ogrodowej. W tle Góra Parkowa.

Magistracki Square in 1907. The Town Hall after reconstruction in 1903, the Emperor William I monument and a fountain in the middle of a garden composition. In the background - Góra Parkowa (Park Hill).

Rathaus und Otton von Bismarck - Denkmal. Das Denkmal wurde am Kaiser-Wilhelm-Platz im Jahre 1900 enthüllt. Es war ein Werk des Bildhauers F. Schneider. Das Denkmal wurde im Jahre 1920 entfernt. Stand aus dem Jahre 1920.

Ratusz i pomnik kanclerza Niemiec Ottona von Bismarcka, odsłonięty na pl. Magistrackim w 1900r. Praca rzeźbiarza F. Schneidera. Rozebrany w 1920r. Stan z ok. 1912r.

Town Hall and Chancellor Otto von Bismarck monument erected in Magistracki Square in 1900, designed by the sculptor F. Schneider. Dismantled in 1920. View from about 1912.

Kaiser-Wilhelm-Platz mit dem Rathaus von der südwestlichen Seite, um das Jahr 1914. Im Hintergrund ist der Ausgang der Schael-Str. und der Gutenberg-Str. zu sehen. Im Hintergrund sieht man Schillerhöhe mit einer Herberge.

Plac Magistracki z ratuszem od południowego zachodu ok. 1914r. W głębi wylot ulic R. Dmowskiego i M. Kopernika. W tle Góra Parkowa ze schroniskiem.

Magistracki Square with the Town Hall from the southwest from about 1914. In the middle - junction of R. Dmowskiego and M. Kopernika Streets. In the background - Góra Parkowa (Park Hill) with a youth hostel.

Rathaus von der Seite der Kreuzung der Alberti-Str. und Gutenberg-Str. um das Jahr 1909. Es ist die Hinterfassade zu sehen.

Ratusz od strony zbiegu ulic M. Buczka i M. Kopernika ok. 1909r. Widoczna nowa elewacja tylna, pochodząca z okresu rozbudowy w 1903r.

Town Hall from the side of M. Buczka and M. Kopernika Streets from around 1909. Rear view.

Nordwestliche Seite des Kaiser-Wilhelm-Platzes in der Richtung des Ausganges der Freiburger-Str. nach dem Jahre 1916. In einer Gartenlaube sieht man den „Eisernebergmann", der im Jahre 1916 gestiftet wurde, zwecks der Sammlung der Mittel für Sozialhilfe, im Zusammenhang mit dem dauernden Weltkrieg. Er wurde im Jahre 1920 entfernt.

Północno-zachodnia strona pl. Magistrackiego z wylotem ul. J. Słowackiego po 1916r. W altanie „Żelazny Górnik", ufundowany w 1916r., celem zebrania środków na pomoc społeczną, zdemontowany w 1920r.

North-west side of Magistracki Square in the direction of J. Słowackiego Street from after 1916. "Iron Miner" in the bower, funded in 1916 in order to raise money for social assistance during the World War. Dismantled in 1920.

Ansichtskarte mit zwei Bilder, um das Jahr 1900. Es sind zu sehen: Rathaus und Schloß der Familie Czetryc - ein weiteres charakteristisches Objekt für die Stadt. Das Schloß wurde in den Jahren 1604 - 1628 von Diprand Czetryc - Inhaber der Stadt Waldenburg - gebaut.

Dwuobrazkowy „gruss" z ok. 1900r. Widoczne: ratusz i pałac Czetryców - kolejny charakterystyczny obiekt dla sylwety miasta, wzniesiony w latach 1604-1628 przez Dipranda Czetryca, właściciela Wałbrzycha.

Two-picture card from about 1900. Town Hall and the Czetrycs' Palace - another characteristic landmark in the town, erected in the years 1604-1628 by Diprand Czetryc, the owner of Wałbrzych.

Renesansowy pałac Czetryców przy ul. Zamkowej ok. 1906r. Widok na najstarsze zachowane skrzydło północne z cylindryczną wieżą, pochodzącą z okresu przebudowy w 1882r.

Renaissance Schloß der Familie Czetryc an der Schloss-Str. um das Jahr 1906. Ansicht auf den ältesten erhaltenen Nordflügel mit einem Zylinderturm, der aus der Umbauzeit im Jahre 1882 stammt.

Renaissance Czetrycs' Palace in Zamkowa Street from about 1906. View of the oldest preserved northern wing with the cylindrical tower dating back to the time of reconstruction in 1882.

Schloß der Familie Czetryc von der südwestlichen Seite, nach einem Ausbau im Jahre 1898 und Fragment der Parkanlage. Stand nach dem Jahre 1910.

Pałac Czetryców od południowego zachodu po rozbudowie w 1898r. i fragment otaczającego go założenia parkowego. Stan po 1910r.

The Czetrycs' Palace from the south-west after reconstruction in 1898 and fragment of the surrounding park. View from after 1910.

Klassizistische evangelische Kirche, gebaut in den Jahren 1785 - 1788, laut dem Projekt des berühmten deutschen Architekten C. G. Langhans, neogotisches Kriegsdenkmal, das im Jahre 1884 am Kirch-Platz zur Verehrung der gefallenen Einwohner der Stadt Waldenburg während der Kriege in den Jahren 1864, 1868 und 1870 - 1871 enthüllt wurde. Das Denkmal wurde im Jahre 1951 entfernt. Stand um das Jahr 1898.

Fragment pl. Kościelnego ok. 1898 r. Widoczne: klasycystyczny kościół ewangelicki, zbudowany w latach 1785-1788 według projektu wybitnego architekta niemieckiego C.G. Langhansa i neogotycki pomnik wojenny, odsłonięty w 1884r. ku czci poległych wałbrzyszan w wojnach z lat 1864, 1866 i 1870-1871, rozebrany w 1951r.

Classical Evangelical Church, erected in the years 1785-1788 according to the design by an outstanding German architect C. G. Langhans, and Neo-Gothic war monument erected in 1884 in Kościelny Square as a tribute to the Wałbrzych inhabitants who were killed in the wars in 1864, 1866 and 1870-1871. Dismantled in 1951. View from about 1898.

Kościółek pomocniczy pw. Matki Bożej Bolesnej przy pl. Kościelnym ok. 1905r. Wzniesiony w 1305r., przebudowany w 1714r. Najstarsza budowla sakralna miasta. Według legendy, źródło ujęte za jego ołtarzem w studzienkę (dziś sucha) dało początek osadzie.

Schmerzensmutter - Kirche am Kirch-Platz um das Jahr 1905. Diese Kirche wurde im Jahre 1305 gebaut, und im Jahre 1714 umgebaut. Es ist das älteste Sakralgebäude in der Stadt. Laut einer Sage gab die Quelle, die sich hinter dem Altar befand, einen Anfang der Siedlung.

Auxiliary Church of Our Lady the Mournful in Kościelny Square, view from about 1905. Erected in 1305, rebuilt in 1714. The oldest sacral building in the town. According to a legend, it was around the water spring (now dried out) in the well behind its altar that the first settlement started here.

Kirch-Platz - Allgemeinblick, um das Jahr 1915.

Widok ogólny pl. Kościelnego od północnego wschodu ok. 1915r.

General view of Kościelny Square from about 1915.

Gebäude einer katholischen Mädchenschule an der Kreuzung der Sand-Str. und der Gottesberger-Str. um das Jahr 1912. (Seit dem Jahre 1945 ist das die Grundschule Nr. 1). Dieses Gebäude wurde im Jahre 1912 auf dem Gelände eines alten Stadtfriedhofs „Sandkirchhof" gebaut.

Budynek szkoły katolickiej dla dziewcząt u zbiegu ulic B. Limanowskiego i 1 Maja ok. 1913r. (od 1945r. Szkoła Podstawowa Nr 1). Wzniesiony w 1912r. na terenie dawnego cmentarza miejskiego „Na Piasku".

The building of a Catholic school for girls at the junction of B. Limanowskiego and 1 Maja Streets, view from about 1913. (from 1945 the site of the Primary School Nr 1). Built in 1912 on the site of a former municipal cemetery "Na Piasku".

Klassizistisches Alberti-Haus an der Gottesberger-Str. nach dem Jahre 1926. Dieses Haus wurde im Jahre 1801 durch den schlesischen Erbauer L. Niederäcker gebaut. Seit dem Jahre 1926 hat hier den Sitz das Museum. Im Hintergrund ist ein Turm der evangelischen Kirche zu sehen.

Klasycystyczny pałac Albertich przy ul. 1 Maja po 1926r. Wzniesiony w 1801r. przez śląskiego budowniczego L. Niederäckera. Od 1926r. siedziba wałbrzyskiego muzeum. W tle wieża kościoła ewangelickiego.

Classical Albertis' Palace in 1 Maja Street, view from after 1926. Erected in 1801 by the Silesian constructor L. Niederäcker. From 1926 the site of the Wałbrzych Museum. In the background the spire of the Evangelical Church.

Nicht bestehende St. Michael - Pfarrkirche von der Seite der Friedländer-Str. um das Jahr 1898. Diese Kirche wurde wahrscheinlich im Jahre 1428 gebaut, und sie wurde im Jahre 1899 abgerissen. Rechts ist die Bebauung der Gerber-Str. mit einem altertümlichen Eckenwohnhaus „Florianhäusel“ zu sehen.

Nie istniejący kościół parafialny pw. św. Michała od strony ul. Moniuszki ok. 1898r. Zbudowany prawdopodobnie w 1428r., rozebrany w 1899r. Widoczna z prawej zabudowa ul. Garbarskiej z zabytkową kamieniczką narożnikową - „Florianka“.

No longer existing Parish Church of St. Michael seen from S. Moniuszki Street, view from about 1898. Erected most probably in 1428, dismantled in 1899. On the right - houses in Garbarska Street with the historical corner house - "Florianka".

Neogotycki kościół parafialny pw. Aniołów Stróżów od strony fasady w 1904r. Wzniesiony w latach 1899-1904, na miejscu rozebranego kościoła św. Michała, według projektu A. Langera, jednego z najpopularniejszych na Śląsku budowniczych kościołów. W głębi z lewej ul. S. Moniuszki.

Neogotische Schutzengel - Pfarrkirche von der Fassadenseite im Jahre 1904. Diese Kirche wurde in den Jahren 1899 - 1904, an der Stelle der abgerissenen St. Michael - Kirche, laut dem Projekt von A. Langer - einem der populärsten in Schlesien Kirchenerbauer gebaut. Im Hintergrund links sieht man Friedländer-Str.

Neo-Gothic Parish Church of the Guardian Angels seen from the side of the façade in 1904. Erected in the years 1899-1904 on the site of the dismantled Church of St. Michael, according to a design by A. Langer, one of the most popular Silesian church constructor. On the left - S. Moniuszki Street.

Perspektywa ul. S. Moniuszki zamknięta widokowo sylwetą kościoła pw. Aniołów Stróżów, ok. 1935r.

Perspektive der Friedländer-Str. geschlossen mit der Gestalt der Schutzengel - Kirche, um das Jahr 1935.

S. Moniuszki Street perspective view closed with the building of the Church of the Guardian Angels, view from about 1935.

Fragment des Stadtbildes mit der Schutzengel - Kirche. Es ist die prächtige Seitenfassade der Kirche zu sehen.

Fragment widoku ogólnego miasta z górującą bryłą kościoła Aniołów Stróżów w 1904r. Widoczna okazała elewacja boczna świątyni.

Fragment of the town's general view with the dominating Church of the Guardian Angels, view from 1904. The outstanding side elevation of the Church can be seen.

Fragment der Freiburger-Str. in der Richtung der Sand-Str. mit dem Gebäude des Knappschaftslazarett, das im Jahre 1833 gebaut, und im Jahre 1908 abgetragen wurde. Stand um das Jahr 1900.

Odcinek ul. J. Słowackiego w kierunku wlotu ul. B. Limanowskiego z budynkiem szpitala gwareckiego - wybudowanym w 1833r., rozebranym w 1908r. Stan z ok. 1900r.

Fragment of Słowackiego Street in the direction of B. Limanowskiego Street with the building of the mining hospital, built in 1833, dismantled in 1908. View from about 1900.

Freiburger-Str. in der nordwestlichen Richtung, um das Jahr 1899. Gegenüber dem Knappschaftslazarett sieht man das Gebäude des Hauptpostamtes, das im Jahre 1887 geöffnet wurde. Das Gebäude wurde in den Jahren 1899 - 1907 umgebaut.

Ulica J. Słowackiego w kierunku północno-zachodnim po 1899r. Naprzeciw szpitala gwareckiego budynek otwartej w 1887r. Poczty Głównej, przebudowany w latach 1899-1907.

Słowackiego Street in the north-west direction, view from about 1899. Opposite the mining hospital - the building of the Main Post Office opened in 1887, reconstructed in the years 1899-1907.

Vierhäuser-Platz im Jahre 1898. In den Jahren 1898 - 1907 war dieser Platz ein Straßenbahn- Hauptknotenpunkt in Waldenburg.

Plac Grunwaldzki w 1898r. W latach 1898-1907 plac stał się głównym węzłem wałbrzyskiej komunikacji tramwajowej.

Grunwaldzki Place in 1898. In the years 1898-1907 the Place became the main tram transport junction.

Vierhäuser-Platz in der Richtung der Barbara-Str. und Auen-Str. um das Jahr 1914. Geradeaus sieht man das Eckgebäude eines damals größten in Waldenburg „Zentral Hotels".

Plac Grunwaldzki w kierunku wylotu ul. A. Szmidta i al. Wyzwolenia ok. 1914r. Na wprost narożnikowy budynek największego wówczas w mieście hotelu „Centralny".

Grunwaldzki Place in the direction of the junction of A. Szmidta Street and Al. Wyzwolenia, view from about 1914. In the middle - the corner building of the then largest hotel in Wałbrzych "Centralny".

Auen-Str. von der Seite des Vierhäuser-Platzes, um das Jahr 1912. Im Vordergrund ist ein Kinderspielplatz, und im Hintergrund die Schillerhöhe mit einer Herberge zu sehen.

Aleja Wyzwolenia od strony pl. Grunwaldzkiego ok. 1912r. Na pierwszym planie plac zabaw dla dzieci. W tle Góra Parkowa ze schroniskiem.

Aleja Wyzwolenia, view from Grunwaldzki Place from about 1912. In the forefront - children amusement park. In the background - Góra Parkowa (Park Hill) with a youth hostel.

Fragment des Stadtparks (gegenwärtig J. Sobieski-Park) mit „Schiller-Bauole". Diese Herberge wurde am Abhang der schillerhöhe im Jahre 1911 gebaut (heute „Harcówka"). Stand nach dem Jahre 1920.

Fragment parku miejskiego (obecnie im. J. Sobieskiego) ze schroniskiem „Schillera", wzniesionym na zboczu Góry Parkowej w 1911r. (dziś „Harcówka"). Stan z ok. 1921r.

Fragment of the municipal park (at present J. Sobieski Park) with the "Schiller's" hostel, erected on the slope of the hill in 1911 (today "Harcówka"). View from after 1920.

Blick auf südwestliche Seite der Stadt, um das Jahr 1908. Im Vordergrund sieht man ein Felsengipfel in der Gegend des Felsenstegs. Im Hintergrund ist die Bebauung der Auen-Str. mit einem Giebelteil des Gymnasiumsgebäudes aus dem Jahre 1875 (heute Grundschule Nr. 28) zu sehen.

Widok na południowo-zachodnią stronę miasta ok. 1908r. Na pierwszym planie skalny szczyt w okolicach ul. Karpackiej. W głębi zabudowa al. Wyzwolenia z wybijającą się partią szczytową budynku gimnazjum z 1875r. (dzisiaj Szkoła Podstawowa Nr 28).

View of the south-western part of the town from about 1908. In the forefront - a rocky peak in the vicinity of Karpacka Street. In the background - buildings alongside Al. Wyzwolenia with the outstanding building of the grammar school from 1875 (at present Primary School Nr 28).

Gebäude einer evangelischen Schule an der Auen-Str. im Jahre 1909 (gegenwärtig Allgemeinbildende Oberschule Nr. 2). Blick vom Felsensteg. Diese Straße wurde im Jahre 1907 auf dem Gelände eines ehemaligen Steinbruches ausgesteckt.

Budynek szkoły ewangelickiej przy al. Wyzwolenia w 1909r. (obecnie II Liceum Ogólnokształcące). Widok od strony ul. Karpackiej, wytyczonej w 1907r. na terenie dawnego kamieniołomu.

Building of the Evangelical School in Al. Wyzwolenia in 1909 (at present II Liceum - Comprehensive School). View from Karpacka Street, set out in 1907 on the site of a former quarry.

Sonnen-Platz von der Seite des Ausganges der Weinrich-Str. und Töpfer-Str. um das Jahr 1904.

Plac J. Tuwima od strony wlotu ul. T. Kościuszki i wylotu ul. A. Mickiewicza, ok. 1904r.

J. Tuwima Place from the side of T. Kościuszki and A. Mickiewicza Streets, view from about 1904.

Tiefbauschacht an der Tiefbau-Str. nach dem Jahre 1926 (seit dem Jahre 1945 unter dem Namen „Maria" - Feld des Bergwerkes „Bolesław Chrobry"). Dieses Bergwerk war seit dem Jahre 1864 in Betrieb, und es wurde um das Jahr 1960 aufgelöst.

Kopalnia „Tiefbau" przy ul. Skarżyskiej po 1926r. (od 1945r. pod nazwą „Maria" - pole kopalni „Bolesław Chrobry"). Czynna od 1864r., zlikwidowana ok. 1960r.

"Tiefbau" Coal Mine at Skarżyńska Street, view from after 1926 (in 1945 the name was changed to "Maria" - mining field belonging to "Bolesław Chrobry" Coal Mine). Operating from 1864, liquidated about 1960.

Mundloch des Flößstollens „Fuchsstollen". Dieser Stollen wurde an der Kreuzung des Fuchsberges und der Alten Bahn-Str. im Jahre 1794 unter dem Namen „Fuchs" in Betrieb gesetzt. Dieser Stollen war ein Wasserlösungsstollen und gleichzeitig ein Förderstollen, und er war der einzige Stollen dieser Art in Europa. Der Stollen gehörte zu den Hauptsehenswürdigkeiten schon im 18. Jahrhundert. Stand vor dem Jahre 1850.

Ujście spławnej sztolni „Lis", uruchomionej u zbiegu ulic M. Reja i Kolejowej w 1794r. pod nazwą „Fuchs". Odwadniająca i jednocześnie służąca do transportu wodnego węgla, jedyna tego typu na kontynencie europejskim, była jedną z głównych atrakcji turystycznych już w końcu XVIIIw. Stan przed 1850r.

The outlet of the navigable adit "Lis" ("Fox"), beginning at the junction of M. Reja and Kolejowa Streets in 1794 under the name "Fuchs". Performing water drainage purposes and also used for water transport of coal, unique on European scale, became one of the main tourist attractions as early as the end of 18th C. View from before 1850.

Altwasser. Breslauer-Str. von der südwestlichen Seite, um das Jahr 1900. Im Hintergrund ist ein Bahnhof (heute Wałbrzych Miasto) zu sehen. Der Bahnhof wurde im Jahre 1853 geöffnet, und in den Jahren 1901 - 1925 ausgebaut. Im Jahre 1919 wurde Altwasser an die Stadt Waldenburg angeschlossen.

Stary Zdrój. Widok od południowego zachodu wzdłuż ul. Armii Krajowej ok. 1900r. W głębi budynek dworca kolejowego (dziś Wałbrzych Miasto), otwarty w 1853r., rozbudowany w latach 1901-1925. W 1919r. Stary Zdrój został przyłączony do Wałbrzycha.

Stary Zdrój. View from the south-west on the Armii Krajowej Street from about 1990. At the back - the building of the railway station (at present Wałbrzych Miasto), opened in 1853, reconstructed and expanded in the years 1901-1925. In 1919, Stary Zdrój became a district of Wałbrzych.

Altwasser. Charlottenbrunner-Str. von der Seite der Breslauer-Str. mit der neogotischen evangelischen Kirche, die im Jahre 1870 gebaut wurde (gegenwärtig katholische Auferstehung Christi - Kirche). Stand um das Jahr 1914.

Stary Zdrój. Wnętrze ul. 11 Listopada od strony ul. Armii Krajowej ok. 1914r. W głębi neogotycki kościół ewangelicki, wybudowany w 1870r. (obecnie katolicki pw. Zmartwychwstania Pańskiego).

Stary Zdrój. 11 Listopada Street, view from Armii Krajowej Street with a Neo-Gothic Evangelical Church erected in 1870 (at present - Catholic Church of the Lord's Resurrection). View from about 1914.

Altwasser. Kurhaus „Löwenhaus“ an der Post-Str., das um das Jahr 1800 gebaut wurde. Im Jahre 1644 fing in Altwasser die Kurbehandlung an. Im Jahre 1873 wurde der Kurort geschlossen. Stand vor dem Jahre 1850.

Stary Zdrój. Dom Zdrojowy „Lwi Gród“ przy ul. Pocztowej, wybudowany ok. 1800r. W 1644r. rozpoczęto w Starym Zdroju leczenie uzdrowiskowe. W 1873r. kurort został zamknięty. Stan przed 1850r.

Stary Zdrój. Guest House “Lwi Gród“ in Pocztowa Street, erected in about 1800. In 1644, spa treatment started in Stary Zdrój. In 1873, the resort was closed down. View from before 1850.

Dittersbach. Hindenburg-Str. um das Jahr 1903. Es sind zu sehen: Ein Fragment der Wohnbebauung und eine Fabrik für Schamottenerzeugnisse, die im Jahre 1874 gegründet wurde. Dittersbach wurde im Jahre 1934 an die Stadt Waldenburg angeschlossen.

Podgórze. Ulica Niepodległości ok. 1903r. Widoczne: fragment zabudowy mieszkalnej i fabryka wyrobów szamotowych, założona w 1874r. W 1934r. Podgórze zostało włączone do Wałbrzycha.

Podgórze. Niepodległości Street, view from about 1903. Fragment of tenement housing and chamotte products factory founded in 1874. In 1934 Podgórze became a district of Wałbrzych.

Dittersbach. Bahnhof, um das Jahr 1904 (heute Wałbrzych Główny). Seit dem Jahre 1868 war er der größte Bergbahnhof in Sudeten.

Podgórze. Dworzec kolejowy ok. 1904r. (dziś Wałbrzych Główny). Od 1868r. była to największa górska stacja kolejowa w Sudetach.

Podgórze. Railway station, view from about 1904 (today Wałbrzych Główny). From 1868 it was the largest mountain railway station in the Sudety mountains.

Dittersbach. Eisenbahnbrücke über die Hindenburg-Str. vor dem Jahre 1905.

Podgórze. Wiadukt kolejowy nad ul. Niepodległości przed 1905r.

Podgórze. Railway bridge over Niepodległości Street. View from before 1905.

Dittersbach. Melchiorgrube, die im Jahre 1840 gegründet, und im Jahre 1844 in Betrieb gesetzt wurde. Im Hintergrund sieht man Butterberge. Stand um das Jahr 1927.

Podgórze. Kopalnia „Melchior“ ok. 1927r. (od 1946r. pod nazwą „Mieszko“). Nadana w 1840r., eksploatowana od 1844r. W tle pasmo Niedźwiadków.

Podgórze. "Melchior" Coal Mine, opened in 1840 (in 1946 the name was changed to "Mieszko"). In the background - Niedźwiadki mountain range. View from about 1927.

Weißstein. Fragment des Rundblickes von der nordwestlichen Seite, vor dem Jahre 1904. Im Jahre 1951 wurde er an die Stadt Waldenburg angeschlossen.

Biały Kamień. Fragment panoramy od północnego zachodu sprzed 1904r. Od 1951r. Biały Kamień jest częścią Wałbrzycha.

Biały Kamień. Fragment of the general view from the north-west from before 1904. In 1951 Biały Kamień became a district of Wałbrzych.

Weißstein. Juliusschacht um das Jahr 1926. Im Jahre 1770 unter dem Namen „Fuchs“ (seit dem Jahre 1950 unter dem Namen „Thorez“, gegenwärtig Bergwerk „Julia“).

Biały Kamień. Kopalnia „Julius“ ok. 1926r. Nadana w 1770r. pod nazwą „Fuchs“ (po 1950r. „Thorez“, dzisiaj Zakład Górniczy „Julia“).

Biały Kamień. "Julius“ Coal Mine, view from about 1926. Opened in 1770 as "Fuchs“ (in 1950 the name was changed to "Thorez“, today - Mining Works "Julia“).

Weißstein. Fragment des Rundblickes mit dem Bismarckschacht, um das Jahr 1932 (nach dem Jahre 1945 der Schacht „Wanda"). Im Hintergrund sieht man die Kuppel des Hochwaldes.

Biały Kamień. Fragment widoku ogólnego z kopalnią „Bismarck", ok. 1932r. (po 1945r. szyb „Wanda"). W tle kopuła Chełmca.

Biały Kamień. Fragment of the general view with the "Bismarck" Coal Mine, view from about 1932. (in 1945 the name was changed to "Wanda" shaft). In the background the peak of Chełmiec.

Hochwald um das Jahr 1920. Auf dem Gipfel wurde im Jahre 1889 ein Aussichtsturm, der auf Ruinen stilisiert wurde, und ein Restaurant gebaut.

Chełmiec ok. 1920r. Na szczycie wieża widokowa stylizowana na ruinę, wzniesiona wraz z restauracją w 1889r.

Chełmiec, view from about 1920. On the top - a viewing tower, styled as a ruin, erected together with a restaurant in 1889.

Hermsdorf. Industrieblick mit dem Heyd - Schacht (nach dem Jahre 1945 „Victoria“), um das Jahr 1934.

Sobięcin. Panorama przemysłowa z kopalnią „Heyd“ (po 1945r. pod nazwą „Victoria“). Stan z ok. 1934r.

Sobięcin. Industrial panorama with the “Heyd“ Coal Mine (after 1945 - “Victoria“).

Hermsdorf. Fragment der Gottesberger-Str., mit dem Turm einer evangelischen Kirche, um das Jahr 1930. Im Jahre 1951 wurde Hermsdorf an die Stadt Waldenburg angeschlossen.

Sobięcin. Górny odcinek ul. 1 Maja sprzężony widokowo z wieżą kościoła ewangelickiego, ok. 1930r. Od 1951r. Sobięcin jest dzielnicą Wałbrzycha.

Sobięcin. Upper part of 1 Maja Street with the view of the Evangelical church spire, view from about 1930. In 1951 Sobięcin became a district of Wałbrzych.

Fürstenstein. Das Schloß von der südöstlichen Seite, vor dem Jahre 1904. Das Schloß wurde im Jahre 1292 durch den Bolko der I., Fürst aus Schweidnitz gebaut. Am Anfang des 19. Jahrhunderts wurde das Schloß in eine Barockresidenz umgewandelt.

Książ. Zamek od południowego wschodu przed 1904r. Zbudowany ok. 1292r. przez Bolka I, księcia świdnickiego, z początkiem XVIII w. został przekształcony w barokową rezydencję.

Książ. View of the castle from the south-east from before 1904. Erected in about 1292 by Bolko I, the Prince of Świdnica, turned into a Baroque residence at the beginning of the 18th C.

Fürstenstein. Das Schloß von der südwestlichen Seite, um das Jahr 1915. In den Jahren 1908 - 1923 wurde das Schloß gründlich umgebaut. Man sieht einen neuen Westflügel, mit Seitentürmen versehen und einen neuen Turm.

Książ. Zamek od południowego zachodu ok. 1915r. W latach 1908-1923 budowla przeszła gruntowną przebudowę. Widoczne nowe skrzydło zachodnie, flankowane dwiema wieżami i nowa wieża główna.

Książ. View of the castle from the south-west from about 1915. In the years 1908-1923 the castle underwent major reconstruction. View of the new west wing, flanked with two spires and a new tower.

Fürstenstein. Das alte Schloß vor dem Jahre 1904. Das Schloß wurde im Jahre 1794 unter der Leitung von Ch. W. Tiechbein, als eine romantische neogotische Ruine gebaut.

Książ. Stary zamek przed 1904r. Wybudowany w 1794r. pod kierunkiem Ch. W. Tieschbeina jako romantyczna neogotycka ruina na wcześniejszym założeniu.

Książ. Old castle, view from before 1904. Erected in 1794 under the supervision of Ch. W. Tieschbein as a romantic Neo-Gothic ruin on an earlier foundation.

INDEKS
występujących nazw geograficznych (polsko - niemiecki)
VERZEICHNIS
der geographischen Bezeichnungen (polnisch - deutsch)
INDEX
of geographical names used in the publication (Polish - German)

Biały Kamień - Weißstein
Borowa (Czarna) g. - Schwarzer Berg
Chełmiec g. - Hochwald
Czarna (Borowa) g. - Schwarzer Berg
Kozioł g. - Klauderberge
Książ - Fürstenstein
Lisia g. - Fuchsberg
Mały Kozioł g. - Klein Ochsenkopf
Niedźwiadki - Butterberge
Parkowa g. - Galgenberg, Schillerhöhe, Wilhelmshöhe
Podgórze I - Ober Waldenburg
Podgórze II - Dittersbach
Ptasia Kopa g. - Vogelkoppe
Sobięcin - Hermsdorf
Stary Zdrój - Altwasser
Trójgarb g. - Sattelberg
Trójgarbu Masyw - Sattelwald
Wałbrzych - Waldenburg
Wołowiec g. - Groß Ochsenkopf
Wrocław - Breslau
Wzgórze Gedymina (Parkowa) g. - Wilhelmshöhe

INDEKS
występujących nazw ulic i placów (polsko - niemiecki)
VERZEICHNIS
der Straßen und Plätze (polnisch - deutsch)
INDEX
of street names and places used in the publication (Polish - German)

Armii Krajowej ul. - Breslauer-Str.
Buczka Mariana ul. - Alberti-Str.
Dmowskiego Romana ul. - Schael-Str.
Garbarska ul. - Gerber-Str.
Gdańska ul. - Danzig-Str.
Grunwaldzki pl. - Vierhäuser-Pl.
św. Jadwigi ul. - Wasser-Str.
Karpacka ul. - Felsensteg
Kolejowa ul. - Alte Bahn-Str.
Kopernika Mikołaja ul. - Gutenberg-Str.
Kościelny pl. - Kirch-Pl.
Kościuszki Tadeusza ul. - Weinrich-Str.
Limanowskiego Bolesława ul. - Sand-Str.
11 Listopada ul. - Charlottenbrunner-Str.
Magistracki pl. - Kaiser-Wilhelm-Pl. (Rathaus-Pl.)
1 Maja ul. - Gottesberger-Str.
Mickiewicza Adama ul. - Töpfer-Str.
Moniuszki Stanisława ul. - Friedländer-Str.
Niepodległości ul. - Hindenburg-Str.
Pocztowa ul. - Post-Str.
Reja Mikołaja ul. - Fuchsberg
Rynek - Ring (Markt, Markt-Pl.)
Sienkiewicza Henryka ul. - Garten-Str.
Skarżyska ul. - Tiefbau-Str.
Słowackiego Juliusza ul. - Freiburger-Str.
Szmidta Andrzeja ul. - Barbara-Str.
Tuwima Juliana pl. - Sonnen-Pl.
Wyzwolenia al. - Auen-Str.
Zamkowa ul. - Schloß-Str.

INDEKS
występujących nazw geograficznych (niemiecko - polski)
VERZEICHNIS
der geographischen Bezeichnungen (deutsch - polnisch)
INDEX
of geographical names used in the publication (German - Polish)

Altwasser - Stary Zdrój
Breslau - Wrocław
Butterberge - Niedźwiadki
Dittersbach - Podgórze II
Fuchsberg - Lisia g.
Fürstenstein - Książ
Galgenberg - Parkowa g.
Groß Ochsenkopf - Wołowiec g.
Hermsdorf - Sobięcin
Hochwald - Chełmiec g.
Klauderberge - Kozioł g.
Klein Ochsenkopf - Mały Kozioł g.
Ober Waldenburg - Podgórze I
Sattelberg - Trójgarb g.
Sattelwald - Trójgarbu Masyw
Schillerhöhe - Parkowa g.
Schwarzer Berg - Borowa (Czarna) g.
Vogelkoppe - Ptasia Kopa g.
Waldenburg - Wałbrzych
Weißstein - Biały Kamień
Wilhelmshöhe - Wzgórze Gedymina (Parkowa) g.

INDEKS
występujących nazw ulic i placów (niemiecko - polski)
VERZEICHNIS
der Straßen und Plätze (deutsch - polnisch)
INDEX
of street names and places used in the publication (German - Polish)

Alberti-Str. - Buczka Mariana ul.
Alte Bahn-Str. - Kolejowa ul.
Auen-Str. - Wyzwolenia al.
Barbara-Str. - Szmidta Andrzeja ul.
Breslauer-Str - Armii Krajowej ul.
Charlottenbrunner-Str. - 11 Listopada ul.
Danzig-Str. - Gdańska ul.
Felsensteg - Karpacka ul.
Freiburger-Str. - Słowackiego Juliusza ul.
Friedländer-Str. - Moniuszki Stanisława ul.
Fuchsberg - Reja Mikołaja ul.
Garten-Str. - Sienkiewicza Henryka ul.
Gerber-Str. - Garbarska ul.
Gottesberger-Str. - 1 Maja ul.
Gutenberg-Str. - Kopernika Mikołaja ul.
Hindenburg-Str. - Niepodległości ul.
Kaiser-Wilhelm-Pl. (Rathaus-Pl.) - Magistracki pl.
Kirch-Pl. - Kościelny pl.
Markt (Markt-Pl., Ring) - Rynek
Markt-Pl. (Markt, Ring) - Rynek
Post-Str. - Pocztowa ul.
Rathaus-Pl. (Kaiser-Wilhelm-Pl.) - Magistracki pl.
Sand-Str. - Limanowskiego Bolesława ul.
Schael-Str. - Dmowskiego Romana ul.
Schloß-Str. - Zamkowa ul.
Sonnen-Pl. - Tuwima Juliana pl.
Tiefbau-Str. - Skarżyska ul.
Töpfer-Str. - Mickiewicza Adama ul.
Vierhäuser-Pl. - Grunwaldzki pl.
Wasser-Str. - św. Jadwigi ul.
Weinrich-Str. - Kościuszki Tadeusza ul.

PANORAMA VON ALTWASSER UND UMGEBUNG.

Verlag K. Drobnigs Buchhandlung (R. Zipter,) Waldenburg i Schl.